Anja Ritterhoff

Schau mal, was ich kann!

Kinderleichte Ideen mit Papier und mehr

frechverlag

Dicker Wal

(Abbildung Seite 1)

Motivbreite: 28 cm

Material

- Tonkarton in Weiß, Blau
- Wackelauge, oval, ca. 2 cm
- Klebepunkt in Orange, Ø ca. 1 cm
- Fingerfarbe in Blau, Grün
- Schere, Klebstoff, Pinsel

Schneiden Sie den Wal aus und kleben Sie den Wasserstrahl, das Auge und den Klebepunkt auf. Anschließend wird die Welle in der Korkdrucktechnik gestaltet und unter den Wal geklebt.

So funktioniert die Korkdrucktechnik

Bestreichen Sie die Fläche des Korkens mit Fingerfarbe, diese wird dann auf das Papier gestempelt. Beginnen Sie mit Blau, dann folgt Grün.

Tipps und Ideen

- Die Welle kann auch mit Wachsmalstiften bemalt werden.
- Ein Mobile aus großen und kleinen Walen sieht sehr hübsch aus.

Fotos: frechverlag GmbH + Co. Druck KG, 70499 Stuttgart;
Fotostudio Ullrich & Co., Renningen

Dieses Buch enthält:
1 Vorlagenbogen

Auflage:	5.	4.	3.	2.	1.	Letzte Zahlen
Jahr:	2005	2004	2003	2002	2001	maßgebend

frechverlag GmbH + Co. Druck KG, 70499 Stuttgart

ISBN 3-7724-2783-9 · Best.-Nr. 2783

Druck: frechverlag GmbH + Co. Druck KG, 70499 Stuttgart

Liebe Bastelfreunde!

In diesem Buch habe ich für Sie und Ihre Kinder einfache Motive, die leicht und schnell nachzuarbeiten sind, zusammengestellt.

Als Erzieherin war ich selbst lange Zeit im Kindergarten tätig, hier habe ich im Bastelbereich sehr viele Erfahrungen mit kleinen Kindern gesammelt. Die Techniken, die ich Ihnen in diesem Buch vorstelle, sind immer wieder beliebt und sehen als Fensterbilder besonders schön aus. Ohne viel Aufwand können Sie diese mit schönen Materialien gestalten.

Für ErzieherInnen und Eltern gebe ich zusätzlich noch weitere Tipps und Anregungen, wie man die Motive abwandeln, einige von ihnen ohne Schablonen herstellen oder sie zu verschiedenen Gelegenheiten einsetzen kann.

Nun wünsche ich gutes Gelingen und viel Spaß beim Basteln mit Kindern

Ihre Anja Rittershoff

Das wird gebraucht

- Tonkarton in verschiedenen Farben
- Fingerfarbe in verschiedenen Farben
- Klebstoff
- Schere, am besten abgerundete Kinderschere
- Wackelaugen
- Buntstifte
- Filzstifte
- Pinsel

Genaue Materialangaben finden Sie bei den einzelnen Bastelarbeiten.

Zum Basteln mit und ohne Schablonen

Wenn wir mit Kindern zusammen basteln, entdecken wir immer wieder die Individualität des einzelnen Kindes. Grundlegend finde ich es wichtig, den Kindern jedoch zu Anfang ihrer Basteltätigkeit auch gute Strukturen mitzugeben. Hieran können sich die Kinder orientieren und mithilfe einer Schablone die Grundformen kennen lernen. Jedes Kind soll natürlich seine eigene Ausdrucksweise entwickeln.

So finden Sie in diesem Buch tolle Möglichkeiten, mit denen die Kreativität der Kinder vollständig gefördert werden kann. Die Arbeit mit Schablonen stellt nur eine äußere Struktur dar, die mit der ganz persönlichen Note jedes Kindes gefüllt wird.

Sie können den Kindern eine Vielfalt an Materialen zur Verfügung stellen, sodass sie ihre eigenen Ideen gut einbringen können.

So wird's gemacht

1. Legen Sie Transparentpapier auf das gewünschte Motiv auf dem Vorlagenbogen. Übertragen Sie alle Motivteile ohne Überschneidungen auf das Transparentpapier.

2. Nun kleben Sie das Transparentpapier auf eine dünne Pappe. Schneiden Sie dann die Teile aus – fertig sind die Schablonen. Legen Sie sie auf das gewünschte Material und zeichnen Sie die Konturen nach.

3. Nun schneiden Sie die einzelnen Motivteile aus und fügen sie zusammen. Dann wird das Motiv gemäß der jeweiligen Anleitung fertig gestaltet.

Kleine Entchen

Material

- Tonkarton in Weiß, Blau, Gelb
- Wackelauge mit oder ohne Wimpern, oval, ca. 2 cm
- Bunte Federn
- Etwas bunter Stoff
- Klebstoff, Schere

Die Ente erhält zuerst ihren Schnabel. Er wird von hinten an den Körper geklebt. Nun setzen Sie die Ente auf das Wasser und gestalten den Flügel. Die Federn werden einfach aufgeklebt. Für den Flügel aus Stoff legen Sie die Schablone auf den Stoff, schneiden diesen dann aus und kleben ihn auf. Zum Schluß bringen Sie das Wackelauge an.

Tipps und Ideen

- Als Flügel können Sie auch Zeitungspapier oder andere Papiersorten verwenden. So wäre ein niedlicher Ententeich, an dem jede Ente einen Flügel aus einem anderen Material hat, eine hübsche Dekoration.
- Für den Kindergarten oder eine Krabbelgruppe können Sie mit den Entchen einen schönen Geburtstagskalender gestalten. Die Ente wird einfach etwas höher auf das Wasser gesetzt und ein Foto des Kindes auf den blauen Karton geklebt. Mit einem silbernen Stift schreiben Sie daneben den Namen des Kindes und das Geburtsdatum.

Motivhöhe:
17 cm

Bunte Blumen

Material
- Tonkarton in Weiß
- Transparentpapier in verschiedenen Farben
- Je 3 kleine Plüschkugeln in Rot, Gelb, Rosa, Grün
- Wasserfarben
- Pinsel oder Zahnbürste
- Feines Sieb
- Klebstoff, Schere

Zuerst schneiden Sie die Kreise aus Tonkarton und aus Transparentpapier aus. Die weißen Kreise werden in der Spritztechnik gestaltet oder mit kleinen Plüschkugeln beklebt. Die Kreise aus Transparentpapier kleben Sie gemäß der Abbildung von hinten an die weißen Blütenmitten.

So funktioniert die Siebtechnik
Rühren Sie die Wasserfarbe mit Wasser dick an, nehmen Sie die Farbe mit einem Pinsel oder einer Zahnbürste auf und streichen Sie damit so über ein Sieb, dass die Farbe auf den weißen Tonkarton spritzt.

Tipps und Ideen

- Bei der Spritztechnik sollten die Kinder einen Malkittel (z. B. ein altes Oberhemd) zum Schutz der Kleidung anziehen.
- Für die Transparentpapierkreise können Sie gut Reste verwerten.
- Eine bunte Blumenwiese können Sie mit mehreren Kindern gemeinsam basteln. Fertigen Sie von der gesamten Blume eine oder mehrere Schablonen an und legen Sie diese auf ein großes Plakat. Hier darf jedes Kind seine eigene Blume spritzen.
- Möchten Sie ohne Schablonen arbeiten, lassen Sie die Kinder die Kreise frei Hand aufmalen. Dies ist eine gute Übung!

Motivgröße
Blumenmitte:
Ø 7,5 cm

Lustige Ostereier

Material

- Tonkarton in Gelb, Rot, Blau, Grün
- Fingerfarbe in Gelb, Braun
- Filzstift in Braun, Rot, Blau, Grün
- Klebstoff, Schere

Zuerst werden die Ostereier ausgeschnitten, dann wird die Schleife angebracht.
Auf die Flächen über und unter den Schleifen werden dann die Motive mit Fingerdruck aufgebracht. Nach dem Trocknen werden die Hasen oder Hühner bemalt.

So funktioniert der Fingerdruck
Die Fingerfarbe mit einem Pinsel auf den gewünschten Finger malen und dann die Farbe auftupfen. Wenn die Farbe gut getrocknet ist, können Sie das Motiv mit Filzstiften bemalen.

Tipps und Ideen

- Anstelle von Fingerfarbe können Sie auch gut Wasserfarbe nehmen.
- Wenn die Kinder mit mehreren Fingern tupfen, entstehen große und kleine Hasen oder Küken.
- Die lustigen Ostereier können Sie sehr gut als Einladung (z. B. zum Osterfrühstück) verwenden. Wenn Sie mehrere brauchen, kopieren Sie einfach den Text und falten ihn zu einem kleinen Quadrat. Eine Seite kleben Sie hinter das Ei und schon ist die Einladung fertig.
- Wenn Sie keine Schablonen verwenden möchten, können Sie die Ostereier von den Kindern selbst malen lassen. Erfahrungsgemäß entstehen dadurch die schönsten und lustigsten Formen. Jedes Ei ist auf seine eigene Weise schön. Auf die Ostereier können Sie auch gut eine echte Schleife binden und mit einem Klecks Klebstoff in der Mitte des Eis befestigen.

Motivhöhe
großes Osterei:
20,5 cm

Flori, der kleine Fisch

Material

- Tonkarton in Orange, Lila, Pink, Hellgrün, Hellblau
- Klebepunkt in Orange, Ø ca. 1 cm
- Wackelauge, oval, ca. 2 cm
- Filzstift in Schwarz
- Klebstoff, Schere

Alle Teile des Fischs werden aus Tonkarton ausgeschnitten. Den Körper gestalten Sie in der Reißtechnik. Dann werden die Flossen und der Schwanz von hinten bzw. von vorne aufgeklebt. Zum Schluss kann das Wackelauge aufgeklebt und Mund, Wimpern und Augenbrauen können aufgemalt werden. Als Wange bringen Sie den Klebepunkt an.

So funktioniert die Reißtechnik

Reißen Sie ungefähr 1 cm x 1 cm große Quadrate aus Tonkarton aus, diese können dann aufgeklebt werden. Beginnen Sie mit dem Aufkleben der Schuppen am Schwanz. Die folgenden Schuppen kleben Sie immer leicht überlappend auf die bereits aufgeklebten.

Tipps und Ideen

- Die Wange können Sie auch mit einem Bunt- oder Wachsmalstift aufmalen.
- Für die Schuppen des Fisches können Sie auch gut Tonkartonreste verwerten und ganz bunte Fische gestalten.
- Wenn Sie die Fische beidseitig gestalten, können Sie einen hübschen Fischschwarm als Raumdeko basteln.

Motivbreite:
29 cm

Kleine Meerjungfrau

(Abbildung Seite 16)

Material

- Tonkarton in Beige
- Regenbogen-Hologrammpapier
- Goldglitter
- Wackelaugen mit Wimpern, oval, ca. 1,5 cm
- Wolle in Grün, Blau
- Filzstift in Schwarz
- Buntstift in Orange
- Klebstoff, Schere

Kleben Sie den Körper hinter den Schwanz. Schneiden Sie mehrere ca. 20 cm lange Wollfäden zu, diese rollen Sie zusammen und binden sie an beiden Seiten gemäß der Abbildung zusammen. Dann werden die Haare auf das Gesicht geklebt. Bringen Sie die Wackelaugen an und bemalen Sie das Gesicht. Der BH wird mit Klebstoff aufgemalt und auf den feuchten Klebstoff wird der Goldglitter gestreut.

Tipps und Ideen

- Den BH können Sie auch mit goldener Windowcolorfarbe auftragen.
- Den Fisch von Seite 13 und die Krake von Seite 17 können Sie gemeinsam mit der Meerjungfrau als Mobile aufhängen.

Lustiger Seehund

Material

- Tonkartonreste
- Tonkarton in Weiß, Grau, Rot, Grün
- Wackelauge, oval, ca. 1 cm
- Tapetenkleister
- Bürolocher
- Filzstift in Schwarz
- Klebstoff, Schere, Pinsel

Schneiden Sie alle Teile aus Tonkarton aus. Bringen Sie den weißen Bauch an, kleben Sie das Auge auf und bemalen Sie dann den Seehund. Dann werden beide Bälle angebracht. Der große Ball wird vorher in der Kleistertechnik gestaltet.

So funktioniert die Kleistertechnik

Den Kleister laut Herstellerhinweis anrühren und eine kleine Menge mit einem Pinsel auf den Ball auftragen. Die mit dem Bürolocher ausgestanzten Punkte aus Tonkarton darüber streuen und trocknen lassen.

Tipps und Ideen

- Den großen Ball können Sie auch mit Kleister und Styroporkugeln dekorieren, so jongliert der kleine Seehund im Winter.
- Gestalten Sie mehrere Bälle und platzieren Sie diese um den kleinen Seehund.

Motivhöhe:
25 cm

Kleine Meerjungfrau

(Beschreibung Seite 14)

Motivhöhe: 28 cm

Fröhliche Krake

(Beschreibung Seite 18)

Fröhliche Krake

(Abbildung Seite 17)

Material

- Tonkarton in Gelb, Rot, Grün
- 2 Klebepunkte in Orange, ca. 1 cm
- Wackelaugen, oval, ca. 2 cm
- Seidenpapier in verschiedenen Farben
- Filzstift in Schwarz
- Klebstoff, Schere

Schneiden Sie die Arme aus und kleben Sie sie unter den Kopf. Dann erhält die Krake eine dicke, rote Nase und zwei Wackelaugen. Mund und Autenbrauen werden aufgemalt. Die Arme werden anschließend mit Seidenpapierkugeln beklebt, die in der Knülltechnik hergestellt werden.

So funktioniert die Knülltechnik

Knüllen Sie etwas Seidenpapier zwischen den Fingern zusammen, bis eine kleine Kugel entsteht. Die Kugeln werden dann aufgeklebt.

Tipps und Ideen

- Für die Knülltechnik können Sie gut Seidenpapierreste verwerten.
- Sie können auch den gesamten Kopf der kleinen Krake mit geknüllten Kügelchen bekleben und darauf die Augen anbringen.

Niedliche Schnecken

Material

- Tonkarton in Gelb, Grün, Rot, Blau
- Wackelaugen mit Wimpern, oval, ca. 1 cm
- Chenilledraht in Grün, Rot
- Prickelnadel und Unterlage
- Filzstift in Schwarz
- Klebstoff, Schere

Übertragen Sie den Umriss des Herzens auf das blaue Schneckenhaus. Dann wird es mit einer Prickelnadel ausgeprickelt und auf das Haus der roten Schnecke geklebt. Kleben Sie das Schneckenhaus auf den Körper, dann werden die Fühler von hinten angebracht. Zum Schluss werden die Augen aufgeklebt und der Mund und das Nasenloch gemalt.

So funktioniert die Prickeltechnik

Legen Sie das Motiv auf die Unterlage und prickeln Sie das Herz entlang der aufgezeichneten Linie Loch für Loch aus.

Tipps und Ideen

- Die Schneckenhäuser sehen auch sehr schön aus, wenn sie aus Metallpapier gearbeitet werden.
- Mit dieser kleinen Schnecke können Sie ein schönes Geschenk gestalten: Kleben Sie einfach ein Foto in das Herz und schon haben Sie ein tollen Bilderrahmen.

Motivbreite:
17 cm

Kleiner Bär Brummi

Material

- Tonkarton in Weiß, Braun
- Wackelaugen, Ø 1,5 cm
- Fingerfarben in Gelb, Rot, Grün, Blau
- Filzstift in Schwarz
- Klebstoff, Schere

Zuerst schneiden Sie alle Motivteile aus. Die Hose und die Jacke werden aus weißem, der Bär wird aus braunem Tonkarton gearbeitet. Dann erhält der Bär seine Kleidung, die in der Klatschtechnik gestaltet wird. Die Wackelaugen werden aufgeklebt und das Gesicht aufgemalt.

So funktioniert die Klatschtechnik

Die zugeschnittene Jacke und Hose werden von oben nach unten in der Mitte geknickt. Auf eine Seite geben Sie mit einem Pinseln kleine Kleckse in zwei Farbtönen. Tragen Sie die Farbe nicht zu nahe an den Rändern auf, da sie beim Zusammendrücken sonst herausquillt. Nun wird das Papier zusammengefaltet, etwas aufeinander gedrückt und wieder auseinander gezogen. Dann muss es trocknen.

Tipps und Ideen

- Mit dieser Technik kann man auch wunderschöne Klatschbilder herstellen. Ein weißes Blatt wird wie oben beschrieben mit mehreren Farben gestaltet. Diese Technik macht Kindern großen Spaß.
- Möchten Sie ohne Schablonen arbeiten, bietet sich folgende Vorgehensweise an: Lassen Sie die Kinder einen Bären frei Hand auf weißes Tonpapier zeichnen. Dieser wird dann in der Klatschtechnik gestaltet und erst nach dem Trocknen ausgeschnitten. Gibt man z. B. auf eine Seite gelbe und auf die andere Seite blaue Farbe, entstehen kleine grüne Flächen. So kann man den Kindern die Mischfarben anschaulich erklären.

Motivhöhe: 26 cm

Wickelraupen

Material
- Tonkarton in Grün
- Faden oder Bast in Rot, Blau
- Wackelaugen mit Wimpern, oval, ca. 1 cm
- Klebepunkte in Orange, Ø ca. 1 cm
- Schwarzer Filzstift
- Klebstoff, Schere

Die Raupen werden aus grünem Tonkarton ausgeschnitten. Kleben Sie die Wackelaugen auf und gestalten Sie das Gesicht. Dann kann der Faden oder Bast um die Einbuchtungen im Körper gewickelt werden.

Tipps und Ideen

- Diese kleinen Raupen sind sehr gut geeignet um das Binden von Schleifen zu lernen.
- Die Wickelraupen können auch schön als kleines Geschenk gebastelt werden.
- Mit mehreren Raupen können Sie ein kleines Wettspiel veranstalten: Jedes Kind erhält eine Raupe und einen Faden. Auf Kommando wird der Faden um die Raupe gewickelt. Wer zuerst fertig ist, hat gewonnen.

Paulchen Pinguin

(Abbildung Seite 25)

Material
- Tonkarton in Gelb, Orange, Schwarz
- Fingerfarbe in Weiß
- Wackelaugen, oval, ca. 2 cm
- Kartoffel
- Filzstift in Schwarz
- Schere, Klebstoff, Pinsel

Den Pinguin schneiden Sie aus schwarzem Tonkarton aus und kleben die Füße, den Schnabel und die Wackelaugen auf. Dann wird der im Kartoffeldruck gestaltete Bauch aus schwarzem Tonkarton angebracht.

So funktioniert der Kartoffeldruck
Halbieren Sie eine Kartoffel und streichen Sie mit einem Pinsel weiße Fingerfarbe auf die Schnittfläche. Nun drücken Sie sie mehrmals auf den Bauch, sodass er komplett mit Farbe versehen ist.

Tipps und Ideen

- Sie können den Bauch auch direkt auf den Pinguin drucken, dann wird er allerdings nicht ganz so rund.
- Lustig sieht der Pinguin auch mit einem bunten Bauch aus.

Motivhöhe:
19 cm

Fledermaus-mond

(Abbildung Seite 26)

Material
- Tonkarton in Gelb
- Wackelaugen, Ø ca. 0,5 cm
- Fingerfarbe in Schwarz
- Filzstift in Schwarz
- Buntstift in Rot, Grau
- Klebstoff, Schere

Der Mond wird aus gelbem Tonkarton ausgeschnitten und im Fingerdruck (siehe Seite 10) mit den Fledermäusen bedruckt. Dann werden Flügel, Ohren und Beine mit schwarzem Filzstift, der Mund mit rotem Buntstift aufgemalt. Das Innere der Flügel wird mit grauem Buntstift ausgemalt. Dann können die Wackelaugen aufgeklebt werden.

Tipps und Ideen

- Sie können die Fledermäuse auch mit einem schwarzen Stempelkissen tupfen.
- Den Mond können Sie gut als Einladung zu einer Halloween-Party verwenden. Den Text schreiben Sie einfach auf die Rückseite.
- Wenn Sie ohne Schablonen arbeiten möchten, können die Kinder den Mond auch frei Hand malen.

Kleines Gespenst

(Abbildung Seite 27)

Material
- Tonkarton in Weiß
- Wackelaugen, oval, ca. 2 cm
- Chenilledraht in Schwarz
- Watte
- Klebstoff, Schere

Das Gespenst wird aus weißem Tonkarton ausgeschnitten und mit der Watte beklebt. Dann können die Wackelaugen und der Mund aus einem Stück Chenilledraht aufgeklebt werden.

Tipps und Ideen

- Wenn Sie die Watte vor dem Kleben auseinander zupfen ist sie leichter aufzukleben.
- Für ein Gespensterfest sehen die Gespenster noch leuchtender aus, wenn Sie sie nicht mit Watte bekleben, sondern kleine Punkte aus nachtleuchtendem Windowcolor aufmalen.
- Wenn Sie ohne Schablonen arbeiten möchten, lassen Sie die Kinder die Gespenster nach Geschmack selbst malen.

Paulchen Pinguin

(Beschreibung Seite 23)

Motivhöhe:
25 cm

Fledermaus-mond

(Beschreibung Seite 24)

Motivhöhe: 19 cm

Kleines Gespenst

(Beschreibung Seite 24)

Motivhöhe: 20 cm

Mäuschenapfel

Material

- Tonkarton in Rot, Braun, Grün, Schwarz
- Wolle in Schwarz
- Filz in Braun
- Zwei Walnusshälften
- Filzstift in Schwarz
- Klebstoff, Schere

Schneiden Sie den Apfel aus Tonkarton aus. Kleben Sie die restlichen Teile aus Tonkarton auf.
Die Mäuschen bekommen kleine Filzohren, die Sie vor dem Aufkleben einschneiden. Sie werden auf die Nussschalen geklebt. Unter den Schalen bringen Sie den Schwanz und die Barthaare gemäß der Abbildung an. Malen Sie noch die Augen auf und dann können die Mäuschen auf dem Apfel Platz nehmen.

Tipps und Ideen

- Die Ohren können auch aus grauem Filz gearbeitet werden. Sie können hierfür gut Reste verwenden.
- Sie können mit diesem Motiv eine niedliche Apfelkette gestalten. Hierfür den Apfel einmal aus rotem, einmal aus grünem und einmal aus gelbem Tonkarton arbeiten. Auf beide Seiten der Äpfel wird je ein Mäuschen gesetzt, dann können die Äpfel an einem Faden untereinander aufgehängt werden.
- Wenn Sie ohne Schablonen arbeiten möchten, können die Kinder die Äpfel auch selbst malen.

Motivbreite:
18,5 cm

Weihnachtshäuschen

Material

- Tonkarton in Weiß, Rot
- Mobilefolie
- Serviette mit Schneemännern
- Serviettenkleber
- Strukturschnee
- Prickelnadel
- Klebstoff, Schere, Pinsel

Das Haus wird aus Tonkarton ausgeschnitten. Die Fensteröffnungen prickeln Sie mit einer Prickelnadel heraus (Anleitung Seite 18). Das Dach wird mit Strukturschnee bemalt und dann auf das Haus geklebt. Hinter dem Dach bringen Sie den Kamin an. Dann wird die mit den Servietten beklebte Mobilefolie hinter die Fenster geklebt.

So funktioniert die Serviettentechnik

Auf die Mobilefolie geben Sie mit einem Pinsel den Serviettenkleber. Trennen Sie die oberste, bedruckte Schicht der Serviette ab und legen Sie nur diese auf die Folie. Sie wird vorsichtig mit den Fingern oder einem Pinsel angedrückt. Vorsicht: Die dünne Serviettenschicht reißt leicht! Eventuell tragen Sie nach dem Trocknen eine weitere Schicht Serviettenkleber auf die Serviette auf.

Tipps und Ideen

- Gestalten Sie aus mehreren Häuschen ein niedliches Adventsdorf. Setzen Sie in die Fenster verschiedene weihnachtliche Serviettenmotive.
- Das Dach können Sie auch mit Watte schmücken.

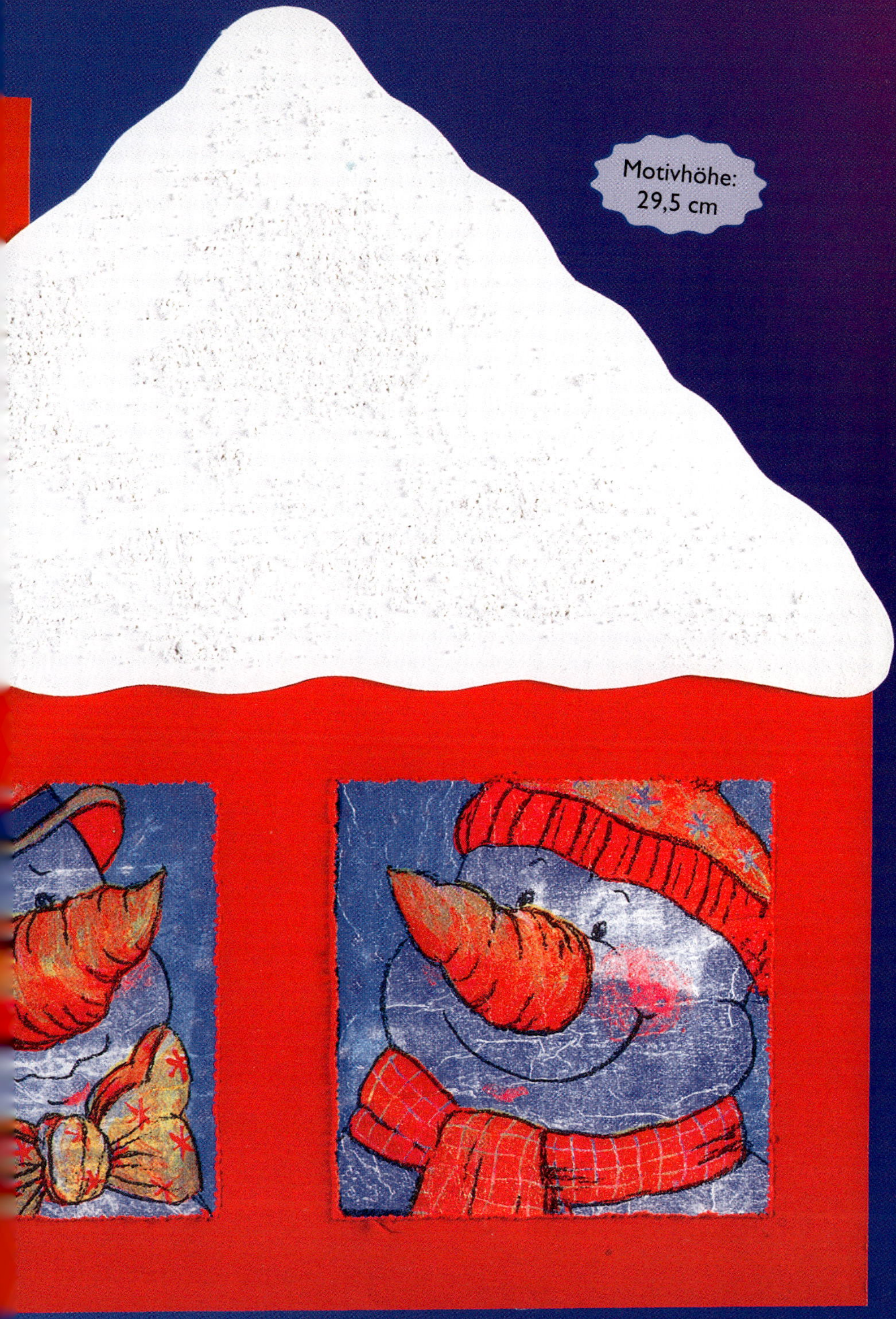

Motivhöhe:
29,5 cm

Weihnachtskerzen

Material
- Tonkarton in Gelb, Blau, Grün, Hellgrün
- Fingerfarbe in Rot
- Klebstoff, Schere, Pinsel

Schneiden Sie den blauen Hintergrund, die Zweige und die Flammen aus Tonkarton aus. Die Kerzen werden mit Handdruck auf den blauen Hintergrund gedruckt. Nach dem Trocknen werden die Zweige und die Flammen aufgeklebt.

So funktioniert der Handdruck
Auf die Handflächen wird mit dem Pinsel Fingerfarbe aufgetragen. Dann werden die Hände gleichmäßig auf Tonkarton gedrückt, sodass ein Abdruck entsteht.

Tipps und Ideen
- Die Kerzen können auch bunt werden, indem jeder Finger mit einer anderen Farbe bemalt wird.
- Anstelle der Papierzweige können Sie auch echte Tannenzweige aufkleben. Hierfür sollten Sie zum Aufkleben allerdings Heißkleber verwenden, der aber auf keinen Fall in die Hände von Kindern gelangen darf!

Motivhöhe: 18 cm